Tres discursos en memoria de Dostoievsky

VLADIMIR SOLOVIEV

Segunda edición

Copyright © 2022 Evgeny Shishkin, Camila Batista.

Todos los derechos reservados.

Traducción y Edición:

Evgeny Shishkin

Camila Batista

Cubierta: Retrato de Vladimir Soloviev, por Nikolai Yaroshenko (1892)

E.S. Traducciones Ruso ⇔ Español,
Buenos Aires, Argentina

Fotografía de Fiodor Dostoievsky
(1863)

ÍNDICE

1. Presentación 2
2. Prólogo del autor 6
3. Primer discurso 10
4. Segundo discurso 28
5. Tercer discurso 38
6. Anexo 59

PRESENTACIÓN

En los tres discursos escritos por Vladimir Soloviev posteriores a la muerte de Dostoievsky (1881), el autor se propone esclarecer la siguiente cuestión: ¿qué idea, a la que se consagró Dostoievsky, inspiró toda su obra?

Soloviev propone al novelista ruso como precursor de un nuevo arte que, partiendo del realismo dominante, llega hasta la verdad religiosa: la vincula con los propósitos de sus obras, toma de ella sus ideales sociales, y con ella ilumina su contribución a la humanidad. Dostoievsky da respuesta a una doble pregunta: sobre el ideal supremo de la sociedad y sobre el camino verdadero para alcanzarlo. En este sentido, la posesión de la verdad no puede ser un privilegio de un pueblo, así como tampoco puede ser privilegio de una persona particular. La verdad puede ser solo universal, y se requiere del pueblo un acto heroico de servicio a esta verdad universal, aunque sea con el sacrificio de su egoísmo nacional. Soloviev destaca que la verdad universal a la que se refiere Dostoievsky se realiza en la Iglesia. La Iglesia como ideal social positivo, como un fundamento y meta de los pensamientos y de las acciones, y el acto heroico del pueblo como el camino directo para la realización de este ideal, esta es, para Soloviev, la última palabra a la que llegó Dostoievsky y que iluminó toda su obra con luz profética.

¿Cuál es la misión de Rusia? En una conversación con Soloviev, Dostoievsky aplicó a Rusia la visión de san Juan Evangelista sobre una mujer cubierta del sol que, encinta, clamaba con dolores de parto y sufría por dar a luz a un hijo varón: la mujer es Rusia y el hijo que estaba por nacer es un nuevo Verbo que Rusia tiene que decir al mundo, esto es, la palabra de la reconciliación para Oriente y Occidente en la unión entre la verdad eterna de Dios y la libertad humana. He aquí la tarea suprema y el deber de Rusia, y tal es el "ideal social" de Dostoievsky.

El advenimiento de la "armonía universal" de la que hablaba Dostoievsky es el inicio de la tierra nueva en la que vive la verdad, que ha de acontecer por vía de los sufrimientos del nuevo nacimiento, como se describe en el Apocalipsis –libro favorito de este autor en sus últimos años–, y que culmina con la manifestación de la Iglesia triunfante y gloriosa, profetizada en las revelaciones de san Juan, al final del Nuevo Testamento.

Cuarenta años después de la muerte de Dostoievsky, el filósofo ruso Nikolai Berdiaev analizó su obra y lo que consideró su legado espiritual. En "Dostoievsky y nosotros", capítulo que concluye *La visión del mundo de Dostoievsky* (*Миросозерцание Достоевского*, 1923), Berdiaev también aprecia en su literatura la impronta del cristianismo de san Juan. Sostiene que Dostoievsky nos conduce por las tinieblas, pero es en la oscuridad donde más brilla la luz (Jn 1, 1); y es la luz de Cristo la que vence a esas tinieblas. A esto atribuye Berdiaev que el pesimismo no prevalezca en la literatura dostoievskyana. Berdiaev, quien a diferencia de Soloviev vivió para ser testigo de la primera mitad del siglo XX, concluyó que ante los cataclismos como las guerras y las revoluciones, los pueblos de Europa pueden escuchar la voz del escritor ruso –que profetizó lo inevitable de la catástrofe mundial–, que los llama y les revela la profundidad espiritual del hombre. Para Berdiaev, Dostoievsky representa precisamente ese inapreciable valor, que constituye la razón de la existencia del pueblo ruso y que servirá para su disculpa el día del Juicio Final de los pueblos. Como Soloviev, considera que el legado de Dostoievsky y de Rusia para los pueblos del mundo es principalmente espiritual.

Vladimir Sergueyevich Soloviev nació en Moscú el 16 de enero de 1853 (calendario juliano). Fue filósofo, teólogo, escritor y crítico literario. Desempeñó un significativo papel en el desarrollo de la filosofía y la poesía rusas de finales del siglo XIX, y en el renacimiento espiritual de principios del siglo XX. La influencia de Soloviev comprende no solo el ámbito estricto de la filosofía, sino también el campo general del arte y la literatura. Gran conocedor de la obra de Dostoievsky (Moscú, 1821 – San Petersburgo, 1881), amigo y confidente suyo, dotado de profunda bonhomía, se atribuye a Soloviev haber sido la inspiración para el personaje de Alexei, en *Los hermanos Karamazov*. De hecho, Anna, esposa de Dostoievsky, menciona en sus *Memorias* que el rostro del joven Soloviev le había recordado a su marido el retrato de Jesús de Annibale Carracci en su obra *Testa di Cristo*; tal había sido la impresión que le había causado.

Soloviev murió el 31 de julio de 1900 (calendario juliano). Entre sus obras se destacan *Rusia y la Iglesia Universal* (1889), *El sentido del amor* (1892 – 1894) y *Tres conversaciones y el Breve relato sobre el anticristo* (1899 – 1900). La presente edición de *Tres discursos sobre Dostoievsky* es traducción directa del idioma ruso, de las *Obras Completas* (1911 – 1914), San Petersburgo.

Buenos Aires, Argentina, año 2022

PRÓLOGO DEL AUTOR

En los tres discursos sobre Dostoievsky no me ocupo de su vida privada, ni tampoco de la crítica literaria de sus obras. Tengo en mente solo una pregunta: ¿a qué idea se consagró Dostoievsky y qué inspiró toda su obra?

Centrarse en esta pregunta es tan natural que ni las singularidades de su vida privada, ni sus méritos literarios o las imperfecciones de sus obras explican por sí mismos la especial influencia que tuvo en sus últimos años de vida y la extraordinaria impresión que causó su muerte. Por otro lado, además, las acusaciones feroces que aún sufre la memoria de Dostoievsky de ningún modo están dirigidas al aspecto estético de sus obras, ya que todos por igual reconocen en él un talento artístico de primer nivel que en ocasiones se eleva hasta la genialidad, aunque no está libre de grandes imperfecciones. Pero la idea a la cual prestaba servicio este talento, para algunos es buena y verdadera, y para otros, se presenta como dañina y falsa.

La valoración final de toda la obra de Dostoievsky depende de cómo nosotros veamos la idea que lo inspiraba, y aquello que él creía y amaba. "Él amaba más que nada a un alma humana viva, en todo y en todas partes, y él creía que todos nosotros somos *linaje de Dios*; creía en la fuerza infinita del alma humana que triunfa sobre todo tipo de violencia externa y sobre toda caída interna. Asumiendo en su alma la maldad, la pesadumbre y la oscuridad de la vida, y superando todo esto con la fuerza infinita del amor, Dostoievsky anuncia esta victoria en todas sus obras. Conociendo la fuerza *divina* en el alma, que traspasa la debilidad humana, Dostoievsky arribó al conocimiento de Dios y del Teohombre[1]. La *realidad* de Dios y de Cristo se le reveló en la fuerza *interna* del amor y del perdón; y él predicaba esta fuerza de gracia como fundamento para la existencia externa sobre la tierra del reino de la verdad, que anheló y procuró alcanzar toda su vida"[2].

Me parece que no se puede considerar a Dostoievsky como un novelista común, o como un talentoso e inteligente literato. En él había algo más, algo distintivo de su singularidad que explica su influencia sobre otros. Numerosos testimonios podrían presentarse a modo de comprobación. Me limito a uno solo que merece atención. Esto es lo que expresa el conde León Tolstoi en su carta a

---

[1] N. del T.: Neologismo del autor, en ruso, "Dios-Hombre"

[2] N. del T.: Fragmento de las palabras pronunciadas por Soloviev en el funeral de Dostoievsky, en 1881.

Nikolai Strajov[3]: "Cómo desearía saber decir todo lo que siento por Dostoievsky. Usted, describiendo su sentimiento expresó una parte del mío. Yo nunca vi a este hombre, y nunca tuve relación directa con él; y de pronto, cuando él falleció, entendí que él era el hombre más cercano, más querido y más necesario para mí. Y nunca se me hubiera ocurrido rivalizar con él, nunca. Todo lo que él hacía (lo bueno y lo verdadero que él hacía), cuanto más lo hacía, mejor era para mí. El arte provoca envidia en mí; la inteligencia, también; pero las cuestiones del corazón, solamente alegría. En efecto, yo lo consideraba mi amigo, y no pensaba sino que pronto nos veríamos, y que por ahora no había ocurrido, pero por razones mías. Y de pronto leo: falleció. Algún sostén se alejó de mí. Me turbé, y después se hizo claro cuán valioso él era para mí, y lloré; y ahora también lloro. Hace unos días, antes de su muerte, leí *Humillados y ofendidos* y me conmoví". Y en otra carta anterior: "Hace unos días leí *Recuerdos de la casa muerta*. La había olvidado bastante, la releí y no conozco ningún libro mejor en toda la nueva literatura, incluyendo a Pushkin. Lo que es admirable no es el carácter, sino el punto de vista: sincero, natural y cristiano. Un libro muy bueno y edificante. Ayer estuve disfrutándolo todo el día, como no disfrutaba hacía mucho. Si va a ver a Dostoievsky, dígale que yo lo amo".

Esas cualidades del corazón y ese punto de vista señalados por el conde Tolstoi están estrechamente

---
3 N. del T.: Filósofo, crítico literario y ensayista ruso (1828 – 1896).

relacionados con la idea principal que Dostoievsky llevó consigo su vida entera, aunque él comenzó a poseerla en plenitud al final de su existencia. Mis tres discursos están dedicados al esclarecimiento de esta idea.

Monasterio Optina Pustin, siglo XIX

PRIMER DISCURSO[4]

En los tiempos antiguos de la humanidad, los poetas eran profetas y sacerdotes; la idea religiosa dominaba la poesía, el arte servía a los dioses. Después, con la complejidad de la vida, cuando apareció la civilización basada en la división del trabajo, el arte y también otras actividades humanas se hicieron autónomas y se separaron de la religión. Si antes los artistas eran servidores de los dioses, ahora el arte mismo se hizo dios e ídolo. Aparecieron sacerdotes del arte puro, para quienes la perfección de la forma artística se hizo la principal ocupación, más allá de todo contenido religioso. Doble primavera de este arte libre (en el mundo clásico y en la nueva Europa) fue suntuosa, mas no sempiterna. El florecimiento del arte novoeuropeo tuvo su fin ante nuestros ojos. Las flores están cayendo, pero los frutos apenas comienzan a formarse. Sería injusto exigir la

---

[4] N. del T.: No hay fecha especificada en las Obras Completas (1911 – 1914), San Petersburgo.

calidad del fruto maduro al fruto en formación: se puede solo presentir esta calidad futura. Precisamente, de este modo habría que abordar el estado actual del arte y de la literatura. Los artistas de hoy no pueden y no quieren servir a la belleza pura, elaborar formas perfectas; ellos buscan contenido. Pero, ajenos al contenido religioso del arte de antaño, recurren por completo a la realidad actual y se colocan a sí mismos, en relación con esa realidad actual, en una *doble* relación servil: primero, intentan copiar como esclavos las apariencias de esta realidad; segundo, también como esclavos, tratan de servir a las cuestiones de actualidad, satisfacer el estado de ánimo del minuto actual, predicar moral pedestre, pensando con esto hacer útil el arte. Por supuesto, no se logra ni un objetivo ni el otro. En esta cacería vana de detalles pseudorreales[5], solo se pierde la auténtica realidad del todo; y la pretensión de unir una prédica externa y la utilidad con el arte, en desmedro de la belleza interna de este último, hace de él la cosa más inútil e innecesaria en el mundo, ya que es claro que una mala obra de arte con la mejor orientación no puede enseñar nada y no puede traer ninguna utilidad.

Pronunciar una condena absoluta al estado del arte moderno y su orientación dominante es muy fácil. La decadencia general de la creación artística y los ataques

---

5   Cada detalle tomado en sí mismo no es una realidad, ya que algo es real *en conjunto*; además, un artista realista mira la realidad *desde su perspectiva*, la comprende según su criterio, y por consiguiente ya no es una realidad *objetiva*.

particulares a la idea de belleza son demasiado evidentes; y sin embargo, sería injusta una condena absoluta a todo esto. En ese arte moderno grosero y vil, detrás de la visión de doble esclavitud se esconden señales de la grandeza divina. Los reclamos de la realidad moderna y de la utilidad directa del arte, inútiles en su actual uso grosero y oscuro, sin embargo, hacen alusión a una idea tan sublime y profundamente verdadera del arte, que todavía no la alcanzaron ni los representantes ni los comentaristas del arte puro. Los artistas modernos, no contentos con la belleza de la forma, quieren, de modo más o menos deliberado, que el arte sea una *fuerza real* que ilumine y regenere todo el mundo humano. El arte de antaño *distraía* al hombre de la oscuridad y de la maldad que reinan en el mundo; lo llevaba a sus apacibles alturas y lo *entretenía* con sus luminosas imágenes. El arte de hoy, en cambio, *atrae* al hombre a la oscuridad y a la maldad de la vida cotidiana, con un deseo a veces equívoco de esclarecer esa oscuridad y de apaciguar esa maldad. Pero, ¿de dónde el arte va a tomar esta fuerza esclarecedora y regeneradora? Si el arte no debe limitarse a distraer al hombre de la vida ruin, sino que tiene que mejorar esa mala vida, entonces una meta tan grande no puede lograrse con una mera representación de la realidad. Representar aún no implica transformar, y desenmascaramiento aún no es rectificación. El arte puro elevaba al hombre sobre la tierra, lo llevaba a las alturas olímpicas; el arte nuevo vuelve a la tierra con amor y compasión, pero no para sumergirse en la oscuridad y maldad de la vida terrenal, ya que para eso no es necesario ningún arte, sino para sanar y renovar esta vida. Para eso, hay que ser parte integrante de la tierra, hay que tener amor y compasión hacia ella, pero hay que contar aun con algo más. Para una acción potente sobre la tierra, para rotarla y regenerarla, habría que atraer y añadir *fuerzas no terrenas*. El arte que se independizó y se separó de la religión debe entrar con ella en un vínculo nuevo y libre. Los artistas y poetas tienen que volver a ser sacerdotes y profetas, pero ya con otro sentido más importante y más sublime: la idea religiosa no solo los va a poseer, sino también ellos mismos van a poseer esta idea y conscientemente van a dirigir sus realizaciones terrenales. El arte del futuro, que después de muchas pruebas va a volver a la religión *por sí mismo*, no va a ser en absoluto aquel arte de antaño todavía no separado de la religión.

Pese al carácter (en apariencia) antirreligioso del arte moderno, una mirada aguda podrá distinguir en él rasgos no del todo claros del arte religioso del futuro, y precisamente en su doble aspiración: a la realización completa de una idea, con todos sus pormenores materiales, hasta una fusión casi completa con la realidad corriente; y con esto, la aspiración de *modelar* la vida real, corrigiéndola y mejorándola, según los requerimientos de ideales conocidos. Bien es verdad que estas aspiraciones en sí mismas aún son bastante bajas y los esfuerzos inspirados por ellas son más bien infructuosos. Sin advertir el carácter religioso de su tarea, el arte realista rechaza el único sostén fijo y el instrumento poderoso para realizar su acción moral en el mundo.

Pero todo este realismo grosero del arte moderno es solo una envoltura anquilosada dentro de la cual se esconde, hasta cierto momento, un poema elevado del futuro. No se trata solo de una esperanza personal; a eso conducen determinados hechos positivos. Ya aparecen artistas que partiendo del realismo dominante y todavía quedándose en gran parte en su terreno bajo, aun así llegan hasta la verdad religiosa, la vinculan con los propósitos de sus obras, toman de ella sus ideales sociales, con ella iluminan su contribución social. Si en el arte realista moderno vemos una suerte de indicio de un nuevo arte religioso, este indicio comienza a manifestarse. Todavía no hay representantes de este nuevo arte religioso, pero ya aparecen sus precursores. Y uno de los precursores fue Dostoievsky.

Siendo por su oficio un novelista y cediendo a otros, en algunos aspectos, el primer puesto, Dostoievsky tiene una ventaja principal por sobre todos ellos: él ve, no solo alrededor de sí mismo, sino también mucho más lejos, delante de sí.

Con excepción de Dostoievsky, nuestros mejores novelistas, todos, toman la vida que los rodea tal y como la encontraron, como se desarrolló y como se expresó, en sus formas acabadas, fijas y claras. Así son sobre todo las novelas de Goncharov y del conde León Tolstoi. Ambos representan en su literatura la sociedad rusa forjada durante siglos (terratenientes, funcionarios, y, en ocasiones, campesinos), en formas cotidianas que existen hace tiempo, parcialmente obsoletas o en vías de caducar. Las novelas de estos dos escritores son deliberadamente iguales por su materia artística, con las particularidades del talento de cada uno. Un rasgo distintivo de Goncharov es su fuerza de generalización artística, gracias a la cual pudo crear un estereotipo omnipresente en Rusia como Oblomov, al que no puede hallarse otro igual *por su amplitud* en ningún escritor ruso[6]. En cuanto a L. Tolstoi, todas sus obras se distinguen no tanto por la amplitud de los personajes (ninguno de sus héroes se hizo una figura emblemática) sino por su maestría para la descripción detallada, por la representación de todo tipo de pormenores de la vida humana y de la naturaleza; pero su fuerza principal consiste en una aguda representación del *mecanismo de los fenómenos del alma*. Sin embargo, esta descripción de los pormenores externos y este análisis psicológico aparecen sobre el fondo inmutable de una vida hecha, constituida, precisamente la vida de una familia aristocrática rusa, matizada por las imágenes aun más inmutables de la gente simple. El soldado Karataiev es demasiado apacible para ensombrecer a los señores. Ni siquiera la figura histórica de Napoleón logra abrir este

---

6 En comparación con Oblomov, los Famusov, los Molchalin, los Oneguin, los Pechorin, los Manilov y los Sobakevich, y ni hablar de los personajes de Ostrovski, todos tienen solo un carácter *singular*.

estrecho horizonte: el dueño de Europa se presenta solo en función de su contacto con la vida de un *barin*[7] ruso; este contacto puede limitarse a lo pequeño, por ejemplo, el bien conocido lavado del rostro, en el que el Napoleón del conde Tolstoi compite con el general Betrischev[8] de Gogol. En este mundo fijo, todo está claro y determinado, todo establecido: si surge un deseo fuera de esto, la aspiración de salir de esos límites, entonces esa aspiración no mira hacia adelante, sino hacia atrás, hacia la vida más simple e inmutable, hacia la vida de la naturaleza (*Los cosacos*, *Tres muertes*).

El mundo literario de Dostoievsky nos presenta un carácter totalmente opuesto. Allí todo está en efervescencia, nada está establecido, todo está aún en formación. En este caso, el objeto de la novela no es *la vida* de la sociedad, sino su *movimiento*. De todos nuestros destacados novelistas, solo Dostoievsky tomó el movimiento social como objeto de su obra. En esto se acostumbra emparentar a Dostoievsky con Turguenev, pero sin suficiente fundamento. Para determinar la importancia de un escritor en general, hay que considerar sus mejores obras, no las peores. Pero las mejores obras de Turguenev, en especial *Memorias de un cazador* y *Nido de nobles*, presentan imágenes espléndidas, que de

---

7 N. del T.: Noble, terrateniente, aristócrata o alto funcionario en la Rusia zarista.

8 N. del T.: Personaje del segundo tomo de *Almas muertas*, de Gogol.

ningún modo son de un movimiento social, sino apenas de un *estado* social, del mismo mundo de nobles que encontramos en Goncharov y L. Tolstoi. Aunque luego Turguenev observó en forma constante nuestro movimiento social y parcialmente obedeció a su influencia, el sentido de ese movimiento no fue avizorado por él, y su novela dedicada específicamente a este tema (*Tierras vírgenes*) resultó un fracaso total[9].

Dostoievsky no obedeció a las influencias de las tendencias dominantes a su alrededor; no siguió sumisamente los ciclos del movimiento social. Él preveía los virajes de este movimiento y los *juzgaba* de antemano. Y él tenía derecho a juzgar, ya que el criterio para hacerlo lo tenía en su fe, la cual lo colocaba por encima de las corrientes dominantes, le permitía ver mucho más allá de esas corrientes y no apasionarse por ellas. En virtud de su fe, Dostoievsky preveía con certeza el objetivo lejano y preeminente de todo movimiento, distinguía claramente las desviaciones de ese objetivo, con derecho las juzgaba y con justicia las condenaba. Esta justa condenación se limitaba solo a los caminos errados y a los métodos perniciosos del movimiento social, y no al mismo movimiento, que era necesario y deseado; esta condenación concernía al entendimiento

---

9 Aunque la palabra "nihilismo" en su uso corriente pertenece a Turguenev, él no avizoró el sentido práctico del movimiento nihilista: sus manifestaciones posteriores, bastante alejadas de las conversaciones de Bazarov, fueron una penosa sorpresa para el autor de *Padres e hijos*.

bajo de la verdad social, un ideal social falso, no a la búsqueda de la verdad social o al anhelo de realizar el ideal social. Este último también para Dostoievsky estaba adelante: él creía no solo en el pasado, sino también en el futuro reino de Dios, y entendía la necesidad de esfuerzo y de heroísmo para su realización. Quien conoce el objetivo verdadero del movimiento puede y debe juzgar las desviaciones de ese objetivo. Y Dostoievsky con más razón tenía derecho a juzgarlas puesto que él mismo en sus inicios había experimentado tales desviaciones, estuvo en aquel camino falso. El ideal positivo religioso que elevó a Dostoievsky sobre los movimientos dominantes del pensamiento social no lo adquirió enseguida, sino que lo alcanzó padeciendo, en una lucha larga y difícil[10]. Él juzgaba lo que conocía y su juicio era recto. Y cuanto más clara se le presentaba la verdad superior, con mayor resolución debía condenar los caminos falsos de la acción social.

El sentido general de toda la obra de Dostoievsky o el valor de Dostoievsky como persona pública consiste en dar respuesta a una doble pregunta: sobre el ideal supremo de la sociedad y sobre el camino verdadero para alcanzarlo.

La causa legítima del movimiento social consiste en una contradicción entre exigencias morales de la persona

---

[10] N. del T.: Se trata de una evolución de la visión del mundo de Dostoievsky desde las teorías socialistas del Círculo Petrashevski hasta la Ortodoxia.

y el orden establecido en la sociedad. Desde este punto de partida, Dostoievsky comenzó como descriptor, intérprete, y además, partícipe activo del nuevo movimiento social. El sentimiento profundo del fraude social, aunque en su forma más inofensiva, se manifestó en su primera novela *Pobres gentes*. El sentido social de esta novela (vinculada a su novela más tardía *Humillados y ofendidos*) se reduce a una vieja, pero eternamente nueva verdad: que bajo el orden existente de las cosas, la *mejor* gente (a nivel moral) es la peor gente para la sociedad; ellos están destinados a ser pobres, humillados y ofendidos[11].

Si para Dostoievsky el fraude social hubiera sido solo un tema de su obra, habría quedado como un literato, pero no habría alcanzado su particular importancia en la vida de la sociedad rusa. Pero, para Dostoievsky, el contenido de su obra además era la tarea de su vida. De entrada planteó la cuestión sobre el terreno moral y práctico. Viendo y habiendo condenado lo que estaba ocurriendo en el mundo, se preguntó: ¿qué es lo que habría que hacer?

---

11 Es el mismo tema que el de la novela de Víctor Hugo *Les miserables*: se plantea un contraste entre la dignidad moral interior del ser humano y su posición social. Dostoievsky valoraba positivamente esta novela y él mismo recibió la influencia de Víctor Hugo (tendencia a las antítesis), aunque en grado bastante superficial. Las influencias más profundas, aparte de Pushkin y Gogol, fueron ejercidas por Dickens y George Sand.

Al principio se le presentó una solución simple y clara: la mejor gente que advierte y siente el fraude social sobre sí mismo y sobre los demás tiene que unirse y sublevarse contra ese fraude, y rehacer la sociedad a su manera.

Cuando el ingenuo primer intento[12] de cumplir esa resolución lo llevó al patíbulo y a los trabajos forzados, él, como sus compañeros, primeramente pudo ver en tal resultado de sus proyectos solo su fracaso y la violencia de los otros. La condena impuesta fue dura. Pero el sentimiento de agravio no le impidió comprender que estaba errado en sus proyectos relacionados con la revuelta social, que era necesaria solo para él y sus compañeros.

Entre los horrores de la casa muerta[13], Dostoievsky se encontró por primera vez conscientemente con la verdad del sentimiento popular y a la luz de esta, claramente vio el error de sus tendencias revolucionarias. Los compañeros de prisión de Dostoievsky, en su gran mayoría, pertenecían al pueblo simple, y con pocas destacadas excepciones, eran la peor gente del pueblo. Pero la peor gente del pueblo simple también suele mantener lo que pierden los miembros de la *intelligentsia*[14]: la fe en Dios y la consciencia de su propia

---

12 Ingenuo, en realidad, para Dostoievsky, a quien los caminos de la revuelta social se le presentaban con rasgos poco precisos.

13 N. del T.: Se refiere a la prisión.

14 N. del T.: En Rusia, grupo de trabajadores intelectuales, con

pecaminosidad. Los delincuentes simples, distinguiéndose de la masa del pueblo con sus malas acciones, de ningún modo se separan de la masa en sus sentimientos y criterios, en su visión del mundo religiosa. En la casa muerta, Dostoievsky encontró auténtica "pobre (o según la expresión popular, desdichada) gente". Los de antes, la gente que había dejado atrás, todavía tenían un refugio contra el agravio social en el sentimiento de su propia dignidad, en su superioridad personal. Los prisioneros carecían de *esto*, pero tenían algo más. La peor gente de la casa muerta le devolvió a Dostoievsky lo que le había quitado la mejor gente de la *intelligentsia*. Si allá entre los representantes de la instrucción el resto del sentido religioso que aún tenía lo hacía palidecer a causa de las blasfemias de un literato de vanguardia[15], acá, en la casa muerta, este sentido tenía que resucitar y renovarse bajo la impresión de la fe resignada y piadosa de los prisioneros. Al parecer olvidados por la Iglesia, oprimidos por el estado, esta gente creía en la Iglesia y no repudiaba al estado. En su momento más difícil, tras una muchedumbre furiosa y cruel de prisioneros, en la memoria de Dostoievsky apareció la imagen majestuosa y apacible del siervo de la gleba Marei que animaba con amor al otrora señorito. Y él sintió y comprendió que ante

---

formación y conocimientos especiales en el área de la ciencia, la tecnología y la cultura.

15 N. del T.: Soloviev se refiere al recuerdo de Dostoievsky de una charla con Visarion Belinski publicada en *Diario de un escritor* (1873).

esa verdad superior de Dios, toda otra verdad propia e improvisada es mentira, y el intento de imponer esa mentira a otros es un delito.

En vez de la cólera de un revolucionario fracasado, Dostoievsky se llevó de la prisión la mirada de una persona moralmente regenerada: "Más fe, más unidad, y si a esto le agregamos amor, todo está hecho", escribía él. Esta fuerza moral renovada por el contacto con el pueblo le dio a Dostoievsky el derecho a estar en el primer lugar, al frente de nuestro movimiento social, no como un servidor de cuestiones de actualidad, sino como un verdadero impulsor del pensamiento social.

Cuando volvió de Siberia, el ideal social positivo todavía no estaba completamente claro en la mente de Dostoievsky. Pero en este asunto, tres verdades eran totalmente claras para él: entendió, ante todo, que personas particulares aunque fueran las mejores, no tienen derecho a violentar a la sociedad en nombre de su supremacía personal; él entendió también que la verdad social no es una invención de mentes particulares, sino que está arraigada en el sentimiento del pueblo; y por fin, comprendió que esta verdad tiene sentido religioso y está ligada necesariamente con la fe de Cristo, con el ideal de Cristo.

Al discernir estas verdades, Dostoievsky se anticipó bastante a la corriente del pensamiento social dominante por entonces, y gracias a eso pudo *prever* y mostrar adónde conducía esa tendencia. Es sabido que la novela *Crimen y castigo* fue escrita justo antes del crimen de Danilov[16] y Karakozov[17], y la novela *Los demonios*, antes del juicio al grupo de Nechayev. El sentido de la primera de estas novelas, con toda la profundidad de los detalles, es muy simple y claro, aunque no fue entendido por algunos. El personaje principal es un exponente de la idea de que cada persona fuerte es señor para sí mismo, y le está permitido todo. En nombre de su supremacía personal, en nombre de que él es la *fuerza*, se atribuye a sí mismo el derecho de cometer un asesinato, y efectivamente lo hace. Pero, de pronto, ese asunto que él consideraba solo como la transgresión de una ley externa sin sentido y como un valiente desafío a un prejuicio social, de pronto esto resulta ser ante su propia consciencia algo más grande; resulta ser un pecado, una transgresión de la verdad moral interior. La transgresión de la ley externa recibe su castigo legal del exterior, y consiste en deportación y prisión, pero el pecado interior de soberbia que separó al hombre fuerte de la humanidad y lo llevó al asesinato, este pecado interior de autodivinización solo puede ser reparado con una heroica acción moral interna de abnegación. Una presunción sin límite tiene que desaparecer ante una fe en aquello que es

---

16 Danilov fue un estudiante de la Universidad de Moscú que mató y robó a un usurero, y que tenía unos particulares planes sobre el asunto.

17 N. del T.: Dmitri Karakozov fue el autor del atentado contra el zar Alejandro II en 1866.

más grande que *uno mismo*; y una autojustificación tiene que resignarse ante la verdad suprema de Dios, que vive en aquella gente, la más frágil y simple, a la que este hombre fuerte miraba como a insectos miserables.

En *Los demonios*, el mismo tema, si no está profundizado, está significativamente ampliado y complejizado. Un gran número de personas obsesionadas con el sueño de una revuelta violenta para rehacer el mundo a su manera, cometen crímenes feroces y perecen de modo ignominioso, y Rusia sanada por la fe se inclina ante su Salvador.

El significado social de estas dos novelas es muy grande; en ellas *se predijeron* fenómenos sociales importantes que no tardaron en manifestarse. Al mismo tiempo, estos fenómenos fueron condenados en nombre de la verdad religiosa superior, y fue señalada la mejor salida para el movimiento social: aceptar esa verdad.

Condenando toda búsqueda de una verdad abstracta y antojadiza que engendra solo crímenes, Dostoievsky contrapone un ideal religioso de pueblo basado en la fe de Cristo. El regreso a esta fe es una salida común para Raskolnikov y también para toda la sociedad poseída por los demonios. Solo la fe en Cristo que vive en el pueblo contiene en sí misma aquel ideal social positivo en el cual una persona en particular es solidaria con todos. Y de la persona que perdió esta solidaridad se requiere, ante todo, que renuncie a su aislamiento orgulloso y con un acto moral de abnegación se una espiritualmente con el pueblo entero. ¿Pero en nombre de qué? ¿Solo en nombre de que el pueblo, sesenta millones, es más que uno, y más que mil? Probablemente hay gente que lo entiende exactamente así. Pero esta comprensión demasiado simple era totalmente ajena a Dostoievsky. Exigiendo de una persona aislada el retorno al pueblo, él ante todo sobreentendía el retorno a la fe verdadera que todavía se conserva en el pueblo. En este ideal social de fraternidad o solidaridad de todos, en el cual creía Dostoievsky, lo principal era su significado religioso moral, y no nacional. Ya en *Los demonios* hay un duro escarnio hacia la gente que admira al pueblo por el simple hecho de ser el pueblo y valora a la Ortodoxia como atributo de la etnia rusa.

Si queremos designar el ideal social que alcanzó Dostoievsky con una palabra, esa palabra no sería pueblo sino *Iglesia*.

Nosotros creemos en la Iglesia como cuerpo místico de Cristo; conocemos también a la Iglesia como una congregación de creyentes de una u otra confesión. Pero ¿qué es la Iglesia como ideal social? Dostoievsky no tenía pretensiones teológicas, y por eso, en realidad no tenemos derecho a buscar en él ninguna definición lógica de la Iglesia. Pero predicando la Iglesia como ideal social, él expresaba una exigencia bastante clara y definida; clara y definida (aunque totalmente contraria) como la exigencia proclamada por el socialismo europeo. (Por eso en su último diario, Dostoievsky llamó a la fe popular en la

Iglesia nuestro socialismo ruso). Los socialistas europeos exigen un rebajamiento violento de todos al nivel puramente material de los trabajadores satisfechos y contentos de sí mismos; exigen un rebajamiento del estado y de la sociedad al nivel de una simple asociación económica. El "socialismo ruso" del cual habló Dostoievsky, en cambio, *eleva* a todos al nivel moral de la Iglesia como fraternidad espiritual, aunque manteniendo la desigualdad externa de las posiciones sociales; exige una espiritualización de todo el orden estatal y social mediante la realización de la verdad y de la vida de Cristo en dicho orden.

La Iglesia como ideal social positivo tenía que surgir como la idea central de una nueva novela, o de una nueva serie de novelas, de la cual está escrita solo la primera, *Los hermanos Karamazov*[18].

Así como este ideal social de Dostoievsky es diametralmente opuesto al ideal de los personajes modernos descritos en la novela *Los demonios*, los caminos para alcanzarlos se oponen por igual. En la novela, el camino es la violencia y el asesinato; en el ideal social de Dostoievsky, es una *acción heroica moral*, además, ese accionar heroico, que conlleva abnegación moral, es doble. Ante todo, se requiere de una persona

---

18 La idea principal y, en parte, el plan de su nueva obra, me la transmitió Dostoievsky a grandes trazos en el verano de 1878. Ese año (y no en el año 1879, como erróneamente escribió N. Strajov en sus *Memorias*) nosotros fuimos al monasterio Optina Pustin.

que renuncie a su propia opinión, a su propia verdad antojadiza, en nombre de la fe y verdad comunes del pueblo. La persona tiene que inclinarse ante la fe del pueblo, pero no porque sea del pueblo, sino porque es verdadera. Y si es así, eso significa que el pueblo, en nombre de esta verdad en la cual cree, tiene que abnegarse y renunciar a todo lo que dentro de sí no concuerde con la verdad religiosa.

La posesión de la verdad no puede ser un privilegio del pueblo, así como tampoco puede ser privilegio de una persona particular. La verdad puede ser solo *universal*, y se requiere del pueblo un acto heroico de servicio a esta verdad universal, aunque sea con el sacrificio de su egoísmo nacional, y esto último es imprescindible. Y el pueblo tiene que justificarse ante la verdad universal, tiene que entregar su alma si quiere salvarla.

La verdad universal se realiza en la Iglesia. El ideal final y el objetivo no está en el pueblo, que es en sí mismo solo una fuerza de servicio, sino en la Iglesia, que es un objeto supremo de servicio que exige un acto heroico moral no solo de una persona sino del pueblo entero.

Por lo tanto, la Iglesia, como un ideal social positivo, como un fundamento y meta de todos nuestros pensamientos y acciones, y el acto heroico del pueblo como el camino directo para la realización de este ideal, esta es la última palabra a la que llegó Dostoievsky y que iluminó toda su obra con luz profética.

SEGUNDO DISCURSO
(pronunciado el 1° de febrero de 1882)

Voy a hablar solo de lo más importante y esencial en la obra de Dostoievsky. Con el natural tan rico y tan complejo que Dostoievsky tenía, con su extraordinaria impresionabilidad y sensibilidad para todos los acontecimientos de la vida, su mundo espiritual presentaba demasiada variedad de sentimientos, pensamientos e impulsos para que uno pueda recrearlos en un breve discurso. Pero respondiendo a *todo* con el calor de su alma, él siempre reconoció solo *una cosa* como algo primordial y absolutamente necesario, a lo cual todo el resto *se añade*. Esta idea central a la que sirvió Dostoievsky en toda su obra, era la idea cristiana de una libre unidad humana, fraternidad universal en nombre de Cristo. Dostoievsky predicaba esta idea cuando hablaba de la Iglesia verdadera, de la ortodoxia universal; en tal idea veía la esencia espiritual del pueblo ruso que todavía no se había manifestado, la misión histórica de Rusia, aquella nueva palabra que Rusia tenía que decir al mundo. Aunque ya pasaron dieciocho siglos desde que esta palabra fue proclamada por primera vez por Cristo, en verdad, en nuestros días, esta palabra es totalmente nueva, y a semejante predicador de la idea cristiana como fue Dostoievsky, con justicia se lo puede llamar "vaticinador clarividente" del cristianismo verdadero. Para él, Cristo no era ni un hecho del pasado ni un milagro lejano e inalcanzable. Si se mira así a Cristo, fácilmente se puede hacer de él una imagen muerta, venerada en las iglesias los días festivos, pero que no tiene lugar en la vida. Entonces todo el cristianismo se encierra dentro de las paredes del templo y se convierte en ritos y plegarias, y la vida activa queda totalmente no cristiana. Una Iglesia como esta también contiene la fe verdadera, pero esta fe es tan débil que alcanza solo para los momentos festivos. Este es un cristianismo *de templo*. Y este tiene que existir ante todo, porque en la tierra lo externo va antes que lo interno; pero eso no es suficiente. Hay otro tipo o grado de cristianismo, que no se contenta con el oficio divino[19], sino que quiere dirigir la vida activa del hombre; este cristianismo sale del templo y comienza a morar en los hogares humanos. Su destino es la vida interior individual. Aquí Cristo es un ideal moral supremo, la religión se concentra en la moral personal, y todo el asunto se coloca en la salvación del alma humana particular. En este cristianismo también hay fe verdadera, pero aún es asimismo débil; solo alcanza a la

---

19 N. del T.: Se refiere a la liturgia.

vida *personal* y a asuntos *particulares* del hombre. Es un cristianismo *doméstico*. Este tiene que existir, pero tampoco es suficiente, ya que abandona todo el mundo humano, todos los asuntos sociales, civiles e internacionales; todo esto deja el cristianismo y lo entrega al poder de los perniciosos principios anticristianos. Pero no debería ser así si el cristianismo es la verdad suprema e indubitable. El cristianismo auténtico no puede ser solo doméstico; tampoco solo de templo: tiene que ser *universal*, tiene que extenderse a toda la humanidad y a todos los asuntos humanos. Y si Cristo es realmente la encarnación de la Verdad, Él no tiene que quedarse como simple imagen de templo, tampoco como ideal personal: tenemos que reconocerlo como principio histórico universal, como fundamento vivo y piedra angular de la Iglesia de todos los hombres. Todos los asuntos y relaciones humanas definitivamente tienen que conducirse con el mismo principio moral que reverenciamos en el templo y que reconocemos en nuestra vida doméstica, es decir, con el principio de amor, de libre concordia y unión fraterna.

Dostoievsky predicaba y anunciaba tal cristianismo universal.

El cristianismo de templo y el doméstico realmente existen, es un *hecho*. El cristianismo universal aún no existe en la actualidad: es una *tarea* pendiente, y qué grande; por lo visto supera las fuerzas humanas. En realidad, todas las cuestiones humanas –política, ciencia, arte, economía– se encuentran fuera del principio cristiano: en vez de unir a la gente siembran discordia y la separan, ya que todos estos asuntos se conducen por el egoísmo y el beneficio propio, la rivalidad y la lucha, y generan opresión y violencia. Esta es la realidad, este es el hecho.

El mérito de las personas como Dostoievsky consiste precisamente en que no se inclinan ante la fuerza del hecho, y no le sirven. Contra esta fuerza bruta de lo que efectivamente existe, ellos tienen la fuerza espiritual de la fe en la verdad y el bien, en lo que tiene que ser. No dejarse seducir por el aparente dominio del mal, y no renunciar a causa de eso al bien invisible es un acto heroico de la fe. En esto reside toda la fuerza del hombre. El que no es capaz de este acto heroico no tiene nada que hacer ni nada que decir a la humanidad. Las personas que se rinden ante el hecho viven una vida ajena, pero no crean la vida. *La vida la crean* las personas de fe. Son aquellas personas llamadas soñadores, utopistas, locos, ellos mismos son también profetas, verdaderamente las mejores personas y caudillos de la humanidad. Hoy conmemoramos a una persona así.

Sin turbarse por el carácter anticristiano de toda nuestra vida y obras, sin turbarse por la falta de vitalidad e inacción de nuestro cristianismo, Dostoievsky creía y predicaba el cristianismo vivo y operante, la Iglesia universal, la cuestión universal ortodoxa. Él hablaba no solo de lo que hay, sino de lo que tiene que ser. Él hablaba de la Iglesia ortodoxa universal, no solo como una institución divina que permanece inmutable, sino también como la *tarea* de la unión omnihumana[20] a realizar en nombre de Cristo y en el espíritu de Cristo, en el espíritu de amor y misericordia, acción heroica y sacrificio de sí mismo. La Iglesia verdadera que predicaba Dostoievsky es una Iglesia omnihumana, *en el sentido*, ante todo, de que en ella tiene que desaparecer, por fin, la división de la humanidad en tribus y pueblos que rivalizan y pelean entre sí. Todos ellos, sin perder su carácter nacional, solo liberándose de su egoísmo nacional, pueden y deben unirse en la cuestión común de la regeneración universal. Por eso Dostoievsky, cuando hablaba de Rusia, no podía sobreentender un aislamiento nacional. Al contrario, él atribuía toda la misión del pueblo ruso al servicio del cristianismo verdadero, y en este no hay griego ni judío. Es verdad que él consideraba a Rusia como pueblo elegido de Dios, pero elegido no para la rivalidad con otros pueblos, y tampoco para la supremacía y dominación sobre ellos, sino para el servicio libre a todos los pueblos y para la realización, en fraterna unidad con ellos, de la omnihumanidad verdadera o Iglesia universal.

Dostoievsky nunca idealizó al pueblo y no lo veneraba como ídolo. Él creía en Rusia y le auguraba un gran futuro, pero para él, el principal anticipo de ese futuro del pueblo ruso era, precisamente, la debilidad de su

---

20 N. del T.: *Omnihumana* y *omnihumanidad* son calcos del ruso.

peculiaridad y de su egoísmo nacional. Dos rasgos del pueblo ruso eran especialmente valiosos para Dostoievsky. Primero, su extraordinaria capacidad de asimilar el espíritu y las ideas de otros pueblos, transformarse en la esencia espiritual de todas las naciones, característica que se manifestó especialmente en la poesía de Pushkin. La segunda y aun más importante característica que señalaba Dostoievsky en el pueblo ruso es la consciencia de su pecaminosidad, la incapacidad de erigir su imperfección en ley y derecho y tranquilizarse con eso: de ahí la exigencia de una vida mejor, sed de purificación y de acto heroico[21]. Sin esto no hay acción verdadera para una persona particular y tampoco para un pueblo entero. Por más profunda que sea la caída de un hombre o de un pueblo, por más inmundicia que haya en la vida, se puede salir de tal situación y elevarse si se *quiere*, es decir, si se reconoce una realidad ruinosa como tal, como un hecho que no tendría que existir, y no se hace de este hecho ruinoso una ley y principio irrevocable, no se erige el pecado en verdad; pero si un hombre o un pueblo no se conforma con su ruinosa realidad y la condena como pecado, esto significa que ya tiene una noción o idea, o aunque sea un presentimiento de otra vida mejor, de lo que *tiene que* ser. Es por eso que Dostoievsky afirmaba que el pueblo ruso a pesar de su imagen ostensiblemente feroz, en la profundidad de su alma lleva otra imagen: la imagen de

---

21 N. del T.: Soloviev expone las principales ideas del discurso sobre Pushkin, de Dostoievsky (1880).

Cristo; y a su tiempo La mostrará con claridad a todos los pueblos, los atraerá a Él, y junto con ellos cumplirá la misión omnihumana.

Y esta misión, es decir, el cristianismo verdadero, es omnihumana, no solo en el sentido de que tiene que unir a todos los pueblos en *una fe*, sino que, principalmente, debe unir y conciliar todas las *cuestiones* humanas en una cuestión común universal, pues sin esto, la fe común universal sería una fórmula abstracta y un dogma muerto. Esta unión de las cuestiones humanas comunes, por lo menos las principales, en una idea cristiana, Dostoievsky no solo la predicaba, sino que en cierta medida la mostraba en su propia obra. Siendo una persona *religiosa*, era además un *pensador* bastante libre y un *artista* potente. Estos tres aspectos, estos tres altos asuntos, no se separaban entre sí en él, y no se excluían uno al otro, sino que inescindiblemente formaban parte de toda su obra. En sus convicciones, él nunca separó la verdad del bien y de la belleza; en su obra artística, nunca puso la belleza separada del bien y de la verdad. Y tenía razón, porque los tres viven solo con su unión. El bien, separado de la verdad y de la belleza, es solo un sentimiento indeterminado, un ímpetu sin fuerza; la verdad abstracta es una palabra vacía, y la belleza, sin el bien y sin la verdad, es un ídolo. Pero para Dostoievsky, estas eran tres formas inseparables de una idea absoluta. La infinidad del alma humana revelada en Cristo, que es capaz de contener en sí misma toda la infinidad de la divinidad, esta idea es el mayor bien, la mayor verdad y la perfecta belleza. La verdad es el bien, pensado por la razón humana. La belleza es el mismo bien y la misma verdad, que se encarnó en una forma viva concreta; y su encarnación completa es en todo el fin objetivo y perfección, y es por eso que Dostoievsky decía que la belleza salvará al mundo.

El mundo no tiene que ser salvado por la fuerza. La tarea no consiste en una simple unión de todas las partes de la humanidad y de todas las cuestiones humanas en una cuestión común. Puede imaginarse que las personas trabajan juntas en alguna gran tarea, y en función de ella conducen y ordenan todas sus actividades particulares. Pero si esta tarea les es *impuesta*, si para ellos es algo fatal y apremiante, si están unidos por un instinto ciego o bajo coacción, tal unión aunque se extendiera a toda la humanidad, no sería verdaderamente omnihumana sino un gran "hormiguero". Modelos de hormigueros así existieron, como sabemos, en los despotismos orientales en China, en Egipto, y en menor medida, en los últimos tiempos, se realizaron en América del Norte por los comunistas[22]. Dostoievsky se rebeló con toda su fuerza contra tal hormiguero, al ver que estaba en las antípodas de su ideal social. Su ideal requiere no solo la unión de todas las personas y de todas las cuestiones humanas: lo más importante es que esa unión sea *humana*. El tema no está en la unidad, sino en el libre *consenso* para la unidad.

---

22 N. del T.: Soloviev estudió la experiencia de las agrupaciones comunistas en Norteamérica durante un viaje de trabajo, en Londres.

El asunto no está en la grandeza e importancia de esta tarea común, sino en su reconocimiento complaciente.

La condición final de la verdadera omnihumanidad es la libertad. Pero ¿dónde está la garantía de que las personas, libremente, lleguen a la unidad y no se dispersen por doquier, enemistándose y aniquilándose unos a otros, como estamos viendo? La garantía es una: la infinidad del alma humana, que no permite al hombre detenerse y contentarse con algo parcial, pequeño e incompleto, y lo obliga a pretender y a buscar la vida omnihumana plena y la obra común universal.

La fe en tal infinidad del alma es dada por el cristianismo. De todas las religiones, solo el cristianismo coloca al lado de un Dios perfecto a un *hombre perfecto*, en el cual la plenitud de la divinidad habita en forma corpórea. Y si la realidad plena del alma humana infinita fue realizada en Cristo, entonces la posibilidad, la chispa de esa infinidad y plenitud, existe en cada alma humana, incluso en el más bajo escalón de la decadencia, y esto nos mostró Dostoievsky en sus queridos personajes.

La plenitud del cristianismo es la omnihumanidad, y toda la vida de Dostoievsky fue un ardiente impulso hacia esta omnihumanidad.

Uno no quisiera creer que esta vida haya pasado en vano. Querría creer que nuestra sociedad no lloró en vano unánimemente la muerte de Dostoievsky. Él no nos dejó ninguna teoría, ningún sistema, ningún plan ni proyecto.

Pero el principio y el objetivo conductor, la elevada tarea social y la idea, fueron colocados por él a una altura sin precedentes. Sería vergonzoso para la sociedad rusa si ella rebajara su idea social de tal altura, y si cambiara la gran obra común por sus pequeños intereses profesionales o de estamento, bajo nombres diferentes y altisonantes. Por supuesto, cada uno que reconoce la gran obra omnihumana, tiene sus asuntos y tareas particulares, su profesión y especialidad. De ninguna manera hay que dejarlos si en ellos no hay nada que contradiga la ley moral. La obra omnihumana por eso es omnihumana, porque puede reunir todo y nada excluye, excepto la maldad y el pecado. Solo se requiere de nosotros que no antepongamos nuestra pequeña parte a la gran obra; que no nos aislemos en nuestros asuntos particulares, sino que tratemos de unir esos asuntos particulares con la obra omnihumana, para que nunca perdamos de vista esta gran tarea, la coloquemos más alto y antes que todo, y el resto, después. No está en nuestro poder decidir cuándo y cómo se realiza la gran obra de la unión omnihumana. Pero colocarla como tarea preeminente para nosotros, y servirla en todas nuestras actividades está en nuestro poder. En nuestro poder, es decir: eso es lo que queremos, es nuestro objetivo supremo y nuestra bandera, y no aceptamos otra cosa.

TERCER DISCURSO
(Pronunciado el 19 de febrero de 1883)

En el reinado de Alejandro II terminó la formación natural externa de Rusia, la formación de su *cuerpo*, y empezó el proceso de su nacimiento *espiritual*, con tormentos y enfermedades. A cada nuevo nacimiento, a cada proceso creativo que introduce elementos existentes en formas y combinaciones nuevas, inevitablemente precede la *efervescencia* de estos elementos. Cuando se formaba el cuerpo de Rusia y nacía el Estado ruso, la gente rusa, desde los príncipes con su milicia, hasta el último campesino, deambulaban por todo el país. Toda Rusia andaba de aquí para allá sin rumbo fijo. Esta efervescencia exterior motivó una consolidación externa del estado para reunir a Rusia en un gran cuerpo. El proceso de consolidación externa comenzado por los príncipes en Moscú y terminado por los emperadores en San Petersburgo hizo que la otrora milicia ambulante se convirtiera en la nobleza terrateniente, los mercaderes libres se convirtieran en burgueses, y los campesinos que antes transitaban libremente de un campo a otro pasaran a ser siervos de la gleba. La organización fijada por el estado estableció el modo de vida y ocupaciones del pueblo y de la sociedad dentro de límites sólidos y definidos. Estos límites permanecieron intocables incluso luego de la reforma de Pedro[23] y sobre todo a partir del reinado de Alejandro I, cuando diferentes ideas y corrientes intelectuales de Europa Occidental comenzaron a apoderarse del estrato instruido de la sociedad rusa. Ni las creencias místicas de los masones rusos, ni las ideas humanísticas de los exponentes de los años '40, a pesar de la orientación práctico-moral que a menudo tomaron en nuestro país, tuvieron una influencia sustancial sobre la solidez de los fundamentos de la vida, y no impidieron a la gente culta razonar de una manera nueva, viviendo a la antigua usanza, en las formas legadas por la tradición. Hasta el acto liberador del reinado anterior[24], la vida y la actividad de la gente de Rusia no dependía substancialmente de sus pensamientos ni convicciones, sino que se determinaba de antemano de acuerdo a los esquemas existentes en los que el nacimiento había colocado a cada persona y a cada grupo de personas. En la sociedad de entonces, no podía aparecer ninguna pregunta especial sobre las ocupaciones de la vida, *para qué vivir* y *qué hacer*, ya que la vida y actividades de la

---

23 N. del T.: Se refiere al emperador Pedro el Grande.

24 N. del T.: Se refiere a la Reforma emancipadora de 1861 en Rusia.

sociedad se condicionaban no por la pregunta *para qué*, sino con el fundamento *por qué*. Un terrateniente vivía y actuaba de una forma determinada no *para* algo, sino, ante todo, *porque* él era terrateniente, y de la misma manera, un campesino tenía que vivir así y no de otra forma porque él era un campesino; y entre estas dos modalidades extremas, los grupos restantes encontraban en las condiciones dadas en la vida cotidiana estatal un fundamento suficiente, con el cual se determinaba su ámbito vital sin dejarles lugar para la pregunta ¿qué hacer? Si Rusia fuera solo un *cuerpo* popular estatal, como por ejemplo China, podría contentarse con tal solidez externa y vida determinada. Podría detenerse en tal organización fijada. Pero Rusia, que aún en su infancia fue bautizada en la fe cristiana, obtuvo así la garantía de la vida espiritual suprema, y tenía que buscar, para sí misma, una libre determinación moral una vez alcanzada la edad madura, al haberse formado y determinado físicamente. Y para eso, ante todo, las fuerzas de la sociedad rusa tenían que recibir la libertad, la posibilidad y el estímulo para salir de esa inmovilidad externa, que era condicionada por el régimen de servidumbre de la gleba. En esta cuestión (libertadora y no reformadora) se centra todo el sentido del reinado anterior. El gran acto heroico de este reinado es únicamente la liberación de la sociedad rusa de los obligados esquemas anteriores para la creación futura de nuevas formas espirituales, y de ninguna manera la creación de estas últimas, que hasta ahora aún no ha comenzado. Antes de crearse estas formas, la sociedad liberada tiene que pasar por la *efervescencia* espiritual interior. Así como antes de la formación del cuerpo estatal hubo un período de efervescencia, lo mismo tiene que ocurrir antes del nacimiento espiritual de Rusia. Precisamente, en esta época de efervescencia interior, surge con irrebatible fuerza la pregunta: ¿para qué vivir y qué hacer?

Esta pregunta surge primero en sentido falso. Hay algo falso en la propia formulación de la pregunta por el lado de la gente que, recién separada de determinados fundamentos externos de la vida, y que aún no fueron reemplazados por otros superiores, todavía no se ha hecho dueña de sí misma. Preguntar directamente ¿qué hacer? significa suponer que hay algún asunto *preparado*, al cual solo hay que poner manos a la obra, y significa dejar escapar otra pregunta: ¿están preparados los propios hacedores?

Entretanto, para cada cuestión humana, grande o pequeña, física o espiritual, ambas preguntas son igualmente importantes: ¿*qué* hacer y *quién* lo hace? Un mal trabajador o uno no preparado puede arruinar la mejor obra. El objeto de la obra y la calidad del hacedor están indisolublemente unidos entre sí en cada labor: allí donde esas dos facetas se disocian, no resulta ninguna obra auténtica. Entonces, la obra que se busca se desdobla. Por un lado, surge la imagen de un orden de vida ideal, se establece un determinado "ideal social".

Pero este ideal se asume como independiente de cualquier trabajo interior del propio hombre: consiste solo en algún orden económico y social de la vida determinado de antemano e impuesto desde afuera; por eso, todo lo que puede hacer el hombre para lograr este ideal *externo* se reduce a la eliminación de los impedimentos también externos para realizar ese ideal. De esta manera, el propio ideal se presenta exclusivamente en el futuro, pero en el presente, el hombre trata solo con aquello que contradice a ese ideal; y toda su actividad gira del ideal no existente a la *destrucción del orden existente*, y como este último es sostenido por la gente y la sociedad, toda esta *obra* se convierte en violencia contra la gente y la sociedad entera. De modo imperceptible, el ideal social se sustituye por la actividad antisocial. A la pregunta ¿qué hacer?, le sigue la respuesta clara y precisa: matar a todos los opositores del orden ideal del futuro, es decir, a todos los defensores del orden existente.

Con tal solución del asunto, la pregunta ¿están preparados los hacedores? es realmente superflua. La naturaleza humana en su actual estado, y considerando sus peores facetas, está completamente preparada y apta para un servicio al ideal social *de ese tipo*. Para lograr el ideal social por vía de la destrucción, todas las malas pasiones, todos los elementos desquiciados y malvados de la humanidad encontrarán lugar y aplicación para sí mismos; un ideal social así está completamente asentado sobre el terreno del mal dominante en el mundo. Este ideal no les presenta a sus servidores ninguna condición moral, no necesita fuerzas espirituales, sino violencia física; no requiere de la humanidad una *conversión* interior, sino una *rebelión* exterior.

Antes de la aparición del cristianismo, el pueblo judío esperaba la venida del reino de Dios, y la mayoría lo entendía como una violenta rebelión exterior que tenía que dar la supremacía al pueblo elegido, y tenía que aniquilar a sus enemigos. La gente que esperaba un reino como este, al menos los más decididos y fervorosos de ellos, tenían una respuesta clara y definida a la pregunta "qué hacer": levantarse contra Roma y matar a los soldados romanos. Y lo cumplieron: empezaron a matar a los romanos, y ellos mismos fueron masacrados. Y su obra pereció, y los romanos devastaron Jerusalén. Solo unos pocos en Israel entendieron en aquel reino venidero algo más profundo y radical; conocieron a otro enemigo más espantoso y más misterioso que los romanos, y buscaban otra victoria aun más difícil, aunque más fructífera. Para esta gente, la respuesta a la pregunta "qué hacer" fue solo una, enigmática e indeterminada, que no podían abarcar los maestros de Israel. "En verdad, en verdad os digo: el que no nazca de lo alto no puede ver el Reino de Dios"[25]. Solo algunos no se turbaron con esta extraña y oscura respuesta, aceptaron el nuevo nacimiento y creyeron en el reino espiritual de Dios: esta gente venció a los romanos y conquistó el mundo. También entre nosotros, en la época de la

---

[25] N. del T.: Jn 3, 3.

efervescencia espiritual, mientras los partidarios del "ideal social", tan exterior y superficial como el "reino" de los materialistas judíos, se rebelan y matan, destruyen a los otros y se destruyen a sí mismos, inútil e ignominiosamente, y otros se pierden en el caos intelectual, o bien, se atascan en el insensible interés propio, aparecen solo unas pocas personas que no se contentan con objetivos e ideales externos, sienten y proclaman la necesidad de una profunda conversión *moral* y muestran las condiciones del nuevo nacimiento espiritual de Rusia y de la humanidad. Entre estos pocos precursores del futuro de Rusia y del mundo, el primero fue Dostoievsky, sin duda, ya que él previó con mayor profundidad que otros la esencia del reino venidero, lo predicó anticipadamente, con mayor fuerza y entusiasmo. La principal ventaja de las ideas de Dostoievsky es precisamente aquello por lo que en ocasiones le reprochan: la falta, o mejor dicho, el rechazo consciente de cualquier ideal social *externo*, es decir, el que no está ligado a la conversión interior del hombre o a su nacimiento de lo alto. Tal nacimiento no es necesario para el así llamado ideal social. Este ideal se contenta con la naturaleza humana como es; es un ideal burdo y superficial, y sabemos que los intentos de realizarlo solo fortalecen y multiplican el mal y la locura que ya dominan el mundo. Tal ideal burdo y superficial, sin Dios e inhumano, Dostoievsky no lo tenía, y en esto radica su primer mérito. Él conocía demasiado bien las profundidades de la caída humana; él sabía que la maldad y la locura constituyen el fundamento de nuestra perversa naturaleza, y si se toma esta perversidad como regla, no se puede llegar a nada que no sea violencia y caos.

Mientras el fundamento oscuro de nuestra naturaleza, malo en su extraordinario egoísmo y desquiciado en su aspiración de realizar ese egoísmo, de remitir todo a sí mismo y de determinar todo de acuerdo al propio criterio; mientras este fundamento oscuro esté claramente presente y sin conversión, y este pecado original no sea derribado, cualquier *obra* auténtica es imposible para nosotros, y la pregunta *qué hacer* no tiene sentido razonable. Imagínense una turba de gente ciega, sorda, tullida, endemoniada, y de pronto, de esta turba se oye la pregunta: ¿qué hacer? Aquí la única respuesta razonable sería: busquen la curación; mientras no estén sanados, no hay ninguna obra para ustedes; y mientras pretendan pasar por sanos, para ustedes no hay curación.

Un hombre que basa su derecho a actuar y a cambiar el mundo a su modo en su enfermedad moral, en su maldad y en su locura, este hombre, sean como fueren su destino externo y sus obras, por su esencia es un *asesino*; inexorablemente va a ultrajar y a destruir a otros, y él mismo, inexorablemente, morirá a causa de la violencia. Él se considera a sí mismo fuerte, pero está en poder de fuerzas ajenas; está orgulloso por su libertad, pero es esclavo de lo externo y del azar. Un hombre así no se va a curar si no da el primer paso para su salvación. Para nosotros, el primer paso para la salvación es sentir nuestra propia debilidad y nuestra dependencia: quien pueda sentir esto plenamente, ya no será asesino; pero si *se detiene* en este sentimiento de su debilidad y dependencia, llega al *suicidio*. El suicidio, la violencia sobre sí mismo, ya es algo más elevado y más libre que la violencia sobre otros. Reconociendo su propia impotencia, el hombre se coloca a *mayor altura* que ella, y pronunciando la sentencia de muerte para sí mismo, él no solo sufre como acusado, sino también actúa con poder, como un juez supremo. Pero aquí tampoco su juicio es justo. En la decisión de suicidarse hay una contradicción interna. Esta decisión procede de la consciencia de su debilidad y dependencia; sin embargo, el propio suicidio ya implica un cierto acto de fuerza y de libertad. ¿Pues por qué no usar esa fuerza y libertad para la vida? Pero el caso es que un suicida no solo reconoce su impotencia humana, sino que también la erige en ley universal, lo que ya es una locura. Él no solo siente el mal, sino que también *cree* en el mal. Aunque reconoce su enfermedad, no cree en la curación, y por eso puede usar la fuerza y la libertad obtenidas de ese reconocimiento solo para la autodestrucción. Quienquiera que reconozca el mal humano, pero no crea en el Bien sobrehumano llega al suicidio. Solo con la fe en el Bien sobrehumano el hombre pensante y consciente se salva del suicidio. El hombre no tiene que detenerse en el primer paso, la consciencia del mal, sino que tiene que pasar al segundo: reconocer el Bien existente por encima de él. También hay que tener un poco de sentido común para, sintiendo todo el mal en el hombre, llegar al Bien que no depende del hombre; hay que hacer un indispensable esfuerzo de buena voluntad para acudir a este Bien y darle lugar dentro de sí. Pues este mismo Bien auténtico nos está buscando y nos atrae hacia sí, y no nos queda más que rendirnos a Él y no oponer resistencia.

Con la fe en el Bien sobrehumano, es decir, en Dios, también vuelve la fe en el hombre, el cual ya no aparece en su soledad, impotencia y dependencia, sino como participante libre de la divinidad y portador de la fuerza de Dios. Pero una vez que hemos creído realmente en el Bien sobrehumano, de ninguna manera podemos admitir que su manifestación y acción se relacione exclusivamente con nuestro estado subjetivo; tampoco que la divinidad, en su manifestación, dependa solo de la acción personal del hombre: nosotros, además de nuestra relación con la religión, tenemos que reconocer necesariamente la revelación positiva de Dios en el mundo exterior; tenemos que reconocer la religión objetiva. Limitar la acción de Dios a la sola consciencia moral del hombre significa negar Su plenitud e infinidad; significa no creer en Dios. En cambio, creyendo realmente en Dios como el Bien que no conoce límites, es necesario reconocer la encarnación objetiva de la Divinidad, es decir, Su unión con la misma esencia de nuestra naturaleza, no solo en el espíritu, sino también en la carne, y a través de esta, con los elementos del mundo exterior. Y esto significa reconocer la naturaleza como *apta* para tal encarnación de la Divinidad; significa creer en la redención, santificación y divinización de la materia. Con fe plena y efectiva en la Divinidad, nos vuelve no solo la fe en el hombre, sino también en la naturaleza. *Conocemos* la naturaleza y la materia separadas de Dios y perversas en sí mismas, pero *creemos* en su redención y su unión con la divinidad, su transformación en *Teomateria*[26], y como un intermediario de esta redención y restauración, reconocemos a un hombre auténtico y perfecto, es decir, *Teohombre*[27] en Su libre voluntad y acción. El hombre auténtico nacido de lo alto, con su acción heroica moral de abnegación, conduce la fuerza viva de Dios al cuerpo necrosado de la naturaleza y transforma el mundo entero en el reino universal de Dios. Creer en el reino de Dios significa unir la fe en Dios con la fe en el hombre y la fe en la naturaleza. Todos los equívocos de la razón, todas las teorías falsas y todas las parcialidades y abusos prácticos procedían y proceden de la división de estos tres tipos de fe. Toda la verdad y todo el bien salen de su unión intrínseca. Por un lado, el hombre y la naturaleza solo tienen sentido en su relación con la Divinidad, ya que el hombre abandonado a su propia suerte y confirmándose en su fundamento sin Dios, revela su falsedad interior y llega, como sabemos, hasta el asesinato y el suicidio; y la naturaleza separada del espíritu de Dios es un mecanismo muerto y sin sentido, sin causa ni objetivo. Y también, por otro lado, separado del hombre y de la naturaleza, fuera de su revelación positiva, para nosotros Dios es o

---

26 N. del T.: Neologismo de Soloviev.

27 N. del T.: Neologismo de Soloviev.

una abstracción vacía, o bien algo indiferente que todo lo absorbe.

La enseñanza libre de Europa atravesó esta nefasta separación de los tres principios y de los tres tipos de fe. De aquí salieron los *místicos* (quietistas y pietistas) que pretendían sumergirse en la contemplación de la divinidad, menospreciaban la libertad humana y daban la espalda a la naturaleza material. Después surgieron los *humanistas* (racionalistas e idealistas) que veneraban el principio humano, declaraban la autolegalidad absoluta y la supremacía de la razón humana y de su idea pensada, que veían en Dios solamente el germen del hombre, y en la naturaleza, su sombra. Pero esta sombra hacía sentir demasiado fuerte su realidad; y así, por último, pasan al primer plano de la enseñanza moderna los *naturalistas* (realistas y materialistas), quienes expulsando de su visión del mundo todas las huellas del espíritu y de Dios, veneran el mecanismo muerto de la naturaleza. Todas estas corrientes parciales se desenmascaraban una a la otra y revelaron suficientemente su propia inconsistencia. Nuestra enseñanza embrionaria atravesó también estas tres corrientes abstractas. Pero el futuro espiritual de Rusia y de la humanidad no está en ellas. Falsas e infructuosas en su discordia, ellas encuentran la verdad y la fuerza fecunda en su unión interna, en la plenitud de la idea cristiana. Esta idea afirma la encarnación del principio divino en la vida natural a través del acto heroico libre del hombre, agregando a la fe en Dios, la fe en el Teohombre y en la Teomateria (Theotokos[28]). Esta trina idea cristiana, que fue asimilada instintivamente y conscientemente a medias por el pueblo ruso desde los tiempos de su bautismo, tiene que pasar a ser el fundamento del consciente desarrollo espiritual de Rusia en su unión con los destinos de toda la humanidad. Dostoievsky lo entendió y lo proclamó. Más que cualquiera de sus contemporáneos, él comprendió la idea cristiana *armónicamente* en su plenitud trina; fue a la vez un místico, un humanista y un naturalista. Poseyendo un vivo sentimiento de unión interna con lo sobrehumano, y en este sentido, siendo un místico, él encontraba en este mismo sentimiento la libertad y la fuerza del hombre; conociendo toda la maldad humana, él creía en el bien humano y fue, según la opinión pública, un auténtico humanista. Pero su fe en el hombre estuvo libre de todo idealismo o espiritualismo parcial: él miraba al hombre en su plenitud y realidad; visto así, el hombre está estrechamente ligado a la naturaleza material. Y Dostoievsky, con profundo amor y ternura recurría a la naturaleza, comprendía y amaba la tierra y todo lo terrenal, creía en la pureza, santidad y belleza de la materia. En un materialismo *como este*, no hay nada falso ni pecaminoso. Como el humanismo auténtico no es una veneración del mal humano por el solo hecho de que sea humano, asimismo, el naturalismo auténtico no consiste en la esclavitud de la naturaleza perversa solo por el

---

28 N. del T.: La palabra en ruso es *Bogomater*, Madre de Dios (*Theotokos*).

hecho de que sea natural. El humanismo es *fe* en el hombre, pero no tiene sentido creer en la maldad y debilidad humana: son evidentes; tampoco tiene sentido creer en la naturaleza perversa: es un hecho visible y tangible. Creer en el hombre significa reconocer en él algo *más* de lo que es evidente, significa reconocer en él aquella fuerza y aquella libertad que lo unen a Dios; creer en la naturaleza significa también reconocer en ella la luminosidad y belleza escondidas, que la hacen el *cuerpo de Dios*. El humanismo auténtico es fe en el *Teohombre*; y el naturalismo auténtico es fe en la *Teomateria*. Y la justificación de esta fe, la revelación positiva de estos principios, la realidad del Teohombre y de la Teomateria nos fueron dados en Cristo y la Iglesia, que es el cuerpo vivo del Teohombre.

En este punto, en el cristianismo ortodoxo, en la Iglesia universal, encontramos un fundamento firme y un principio esencial para la nueva vida espiritual, para la formación armónica de la humanidad verdadera y de la naturaleza verdadera. Entonces significa que aquí está también la condición de la obra verdadera. La obra verdadera es posible solamente si en el hombre y en la naturaleza hay fuerzas libres y positivas de la luz y del bien; pero sin Dios, ni el hombre ni la naturaleza tienen tales fuerzas. La separación de la Divinidad, es decir, de la plenitud del Bien, es un mal, y actuando basándonos en este mal, podemos realizar solo obras malas. La obra más abyecta del hombre sin Dios es el asesinato o el suicidio. El hombre introduce en la naturaleza maldad, y saca de ella muerte. Solo rechazando su errada situación, la desquiciada concentración en sí mismo, su malvada soledad; solo vinculándose con Dios en Cristo y con el mundo en la Iglesia, podemos hacer una auténtica obra de Dios, lo que Dostoievsky llamaba *obra ortodoxa*.

Si el cristianismo es la religión de la salvación, si la idea cristiana consiste en la sanación, la unión interna de los principios, cuya discordia es destrucción, entonces la esencia de la verdadera obra cristiana es lo que en el lenguaje lógico se llama *síntesis* y en el lenguaje moral *reconciliación*.

En esta línea general, Dostoievsky marcó la vocación de Rusia en su discurso sobre Pushkin[29]. Esa fue su última palabra y testamento. Aquí hubo mucho más que un simple llamamiento a los sentimientos pacíficos en nombre de la anchura del espíritu ruso: aquí ya se encontraba una indicación de las tareas históricas positivas, o mejor dicho, de las obligaciones de Rusia. No sin razón, por entonces se sintió y se puso de manifiesto que el conflicto entre eslavofilismo y occidentalismo había sido suprimido, y la supresión de este conflicto significa la supresión *en la propia idea* de la más ancestral discordia histórica entre Oriente y Occidente. Esto significa encontrar para Rusia una nueva posición moral, liberarla de la necesidad de continuar esa lucha anticristiana entre Oriente y Occidente y encomendarle el gran deber de

---

29 N. del T.: Pronunciado el 8 de junio (calendario juliano) o el 20 de junio (calendario gregoriano) de 1880.

servir en lo moral a Oriente y a Occidente, conciliando ambos en sí misma.

Y este deber y esta misión no fueron inventadas para Rusia, sino le fueron dados por la fe cristiana y por la historia.

La separación entre Oriente y Occidente en el sentido de discordia y antagonismo, mutua enemistad y odio, tal separación no *tiene que* existir en el cristianismo; y si surgió, esto es un gran pecado y una gran desgracia. Pero precisamente en aquel tiempo en que este gran pecado estaba cometiéndose en Bizancio, Rusia estaba naciendo para su expiación. Habiendo recibido de Bizancio el cristianismo ortodoxo, ¿acaso Rusia tiene que adquirir para toda la eternidad junto con el santuario de Dios los pecados históricos del reino bizantino que prepararon su propia destrucción? Si a pesar de la plenitud de la idea cristiana, Bizancio otra vez excitó la gran disputa universal y tomó la posición de Oriente en esta controversia, entonces su destino, para nosotros, no es un ejemplo sino una lección.

Al principio, la Providencia puso a Rusia entre el Oriente no cristiano y la forma occidental del cristianismo: entre el *basurmanstvo*[30] y el *latinismo*[31]. En

---

30 N. del T.: En ruso, *basurmanstvo* se refiere a las religiones no cristianas de Oriente Medio. Usualmente utilizado para referirse al islamismo, el autor lo extiende al judaísmo.

31 N. del T.: El autor se refiere a la iglesia latina.

aquel tiempo en que Bizancio, en su enemistad unilateral con Occidente, compenetrándose cada vez más con los principios exclusivamente orientales y convirtiéndose en un reino asiático, se encuentra igualmente privado de fuerzas contra los cruzados latinos y contra los bárbaros musulmanes, y finalmente, se somete a los últimos, Rusia se defiende de Oriente y de Occidente con éxito decisivo, repeliendo victoriosamente el basurmanstvo y el latinismo.

Esta lucha exterior con ambos adversarios fue necesaria para la constitución externa y para la consolidación de Rusia, para la formación de su *cuerpo* estatal. Y así esta tarea externa se cumplió, el cuerpo de Rusia se constituyó y creció; las fuerzas foráneas ya no pueden engullirla, y por lo tanto, el viejo antagonismo pierde su sentido. Rusia ya mostró suficientemente a Oriente y a Occidente sus fuerzas físicas en la lucha con ellos, ahora tendrá que mostrarles su fuerza espiritual en la reconciliación. No estoy hablando del acercamiento externo y del traslado mecánico hacia nosotros de formas ajenas, como fue la reforma de Pedro el Grande, necesaria solo como preparación. La tarea auténtica no consiste en *adquirir*, sino en *comprender* las formas de otros, reconocer y asimilar la esencia positiva del espíritu ajeno y unirse moralmente a él en nombre de la verdad universal. Es necesaria la reconciliación *en esencia*, y la esencia de la reconciliación es Dios; y la reconciliación verdadera consiste en tratar al adversario no según el hombre sino "según Dios". Esto es tanto más apremiante para nosotros ahora que nuestros dos principales adversarios ya no están fuera, sino en nuestro propio terreno. El latinismo, representado por los polacos, y el basurmanstvo, es decir, el Oriente no cristiano, representado por los judíos, ingresaron en el cuerpo de Rusia, y si son enemigos para nosotros, ya son enemigos internos, y si tiene que haber guerra con ellos, esta guerra sería una guerra intestina. En este punto, no solo la consciencia cristiana, sino también la sabiduría humana, hablan de la reconciliación. Y no es suficiente en este caso albergar sentimientos pacíficos por los adversarios, como por la gente *en general*, ya que estos adversarios no son gente *en general*, sino personas *singulares* por completo, con su carácter determinado; y para una reconciliación real, hace falta una comprensión profunda precisamente de ese carácter especial: es necesario dirigirse a la propia esencia espiritual de ellos y tratarla según Dios[32].

El principio espiritual de los polacos es el catolicismo; el principio espiritual de los judíos es la religión judaica. Reconciliarse verdaderamente con el catolicismo y con el judaísmo significa ante todo separar en ellos lo que es de

---

32 De lo dicho me parece que queda claro que aquí no se trata *de concesiones ni de compromisos* en la lucha externa (político-eclesiástica y nacional), sino de la eliminación de la *causa* interna de esta lucha por medio de la reconciliación espiritual en el terreno puramente religioso. Mientras no esté restablecida la unión religiosa, la lucha política y nacional mantiene sus derechos.

Dios y lo que es de los hombres. Si sigue vivo en nosotros el interés por la obra de Dios en la tierra; si Su santuario para nosotros es más caro que todas las relaciones humanas; si no ponemos en la misma balanza la fuerza constante de Dios con las obras perecederas de la gente, entonces reconoceremos a través de la dura corteza de los pecados y de los errores, el sello de la elección divina, primero en el catolicismo y después en el judaísmo.

Viendo que también en los tiempos antiguos la iglesia de Roma estaba sola como una roca firme sobre la cual rompían las oscuras olas del movimiento anticristiano (herejías y mahometismo), y viendo que también en nuestros tiempos solo Roma permanece intacta e inquebrantable entre las corrientes de la civilización anticristiana, y únicamente de ella resuena una palabra poderosa aunque cruel de condena al mundo sin Dios; nosotros no atribuiremos esto a alguna simple e incomprensible obstinación humana, sino reconoceremos aquí la fuerza escondida de Dios; y si Roma, inquebrantable en su santuario, y además intentando llevar hacia este santuario a toda la humanidad, se movía y cambiaba, iba adelante, tropezaba, caía profundamente y se levantaba otra vez, entonces no somos nosotros quienes debemos juzgarla por estos tropiezos y caídas, ya que no la apoyábamos y no la levantábamos, sino que contemplábamos con autosuficiencia ese camino difícil y resbaladizo del hermano occidental y nos quedábamos sentados en un lugar, y estando sentados en ese lugar, no caíamos. Si todo mal humano, todo lo mezquino y sucio domina nuestra atención, si vemos tan claramente en detalle todo este polvo del mundo; y en cambio, todo lo divino y sagrado para nosotros es imperceptible, oscuro y poco creíble, esto simplemente significa que en nosotros mismos escasea Dios. Démosle a Él más lugar dentro de nosotros y Lo vamos a ver más claro en el otro. Entonces veremos Su fuerza, no solo en la iglesia católica, sino también en la sinagoga judía. Entonces comprenderemos y aceptaremos las palabras del Apóstol sobre los israelitas, "de los cuales es la adopción de los hijos, y la gloria, y la alianza, y la legislación, y el culto y la promesa; cuyos padres son los mismos, de quienes desciende también Cristo según la carne, que es Dios sobre todas las cosas, [...] ¿por ventura ha desechado Dios a su pueblo? No, por cierto. No ha desechado Dios a su pueblo, al que conoció de antemano [...], mas no quiero, hermanos, que ignoréis este misterio (porque no seáis sabios en vosotros mismos) que la ceguedad ha venido en parte a Israel, hasta que haya entrado la plenitud de las Gentes, y que así todo Israel se salvase [...], porque Dios todas las cosas encerró en incredulidad, para usar con todos de misericordia"[33].

En verdad, si para nosotros la palabra de Dios es más segura que todos los razonamientos humanos y la obra del reino de Dios es más cara que todos los intereses terrenos, entonces, está abierto el camino de la reconciliación con nuestros adversarios históricos delante

---

33 N. del T.: Carta de san Pablo a los Romanos, 9, 4-5; 11, 1-2; 11, 25-26; 11, 32.

de nosotros. Y no vamos a decir: ¿van a querer hacer la paz con nosotros estos adversarios nuestros?, ¿cómo ellos van a tomarlo?, ¿qué es lo que van a respondernos? La consciencia de otros nos es desconocida y las obras de otros no están en nuestro poder. No está en nuestro poder que los otros nos traten bien, pero ser digno de un trato semejante sí lo está. Y no tenemos que pensar qué es lo que los otros nos van a decir, sino lo que nosotros vamos a decir al mundo.

En una conversación, Dostoievsky aplicó a Rusia la visión de san Juan Evangelista sobre una mujer cubierta del sol que, encinta, clamaba con dolores de parto y sufría por dar a luz a un hijo varón: la mujer es Rusia y el hijo que estaba por nacer es un nuevo Verbo que Rusia tiene que decir al mundo. Sea correcta o no esta interpretación de "la gran señal", el nuevo Verbo de Rusia Dostoievsky lo profetizó bien. Esto es, la palabra de la reconciliación para el Oriente y el Occidente en la unión entre la verdad eterna de Dios y la libertad humana.

He aquí la tarea suprema y el deber de Rusia, y tal es el "ideal social" de Dostoievsky. Su fundamento ya no es el renacimiento moral y acto heroico espiritual de una persona particular, sino de la sociedad y del pueblo entero. Así como en los tiempos antiguos, un ideal como este no es claro para los maestros israelitas, pero en él está la verdad y él vencerá al mundo.

ANEXO
Nota en defensa de Dostoievsky sobre la acusación de "nuevo" cristianismo
(Respuesta al opúsculo de Konstantin Leontiev[34] "Nuestros nuevos cristianos", Moscú, 1882)

"Todo hombre es mentiroso[35]".

"Mas ahora me queréis matar, siendo *hombre*, que os he dicho la *verdad*".

"¿Pensáis que *he venido* a poner paz en la tierra? Os digo que no, sino división".

"Y *será hecho* un solo aprisco y un solo pastor".

"*Principio* de la Sabiduría es el temor del Señor".

"Dios es caridad. En la caridad no hay temor, mas la caridad *perfecta* echa fuera el temor".

¿Se puede reducir la esencia del cristianismo a mero humanitarismo? ¿El objetivo del cristianismo es la

---

34 N. del T.: Filósofo y diplomático ruso (1831 – 1891).

35 N. del T.: Sl 115, 2; Jn 8, 40; Lc 12, 51; Jn 10, 16; Sl 110, 10; 1 Jn 4, 8; 4, 18.

armonía universal y la prosperidad en la tierra que se consigue con el progreso natural humano? Y por fin, ¿el fundamento de la vida y de la actividad cristiana consiste solo en amor?

Si se hacen directamente estas preguntas, la respuesta no puede ser dudosa. Si todo el panorama es simple humanitarismo, entonces ¿qué tiene que ver con esto la *religión* cristiana? ¿Para qué entonces hablar sobre la religión en vez de predicar puro humanitarismo directamente? Si el objetivo de la vida se logra con el progreso natural y consiste en la prosperidad en la tierra, entonces ¿para qué ligar esto con la religión, sostenida por completo en misterio, milagro y acto heroico? Por fin, si toda la obra de la religión consiste en un simple sentimiento humano de amor, entonces esto significa que ella no tiene ninguna obra en absoluto, y que no hay ninguna necesidad de tal religión. Como el amor humano, con toda su complejidad psicológica, en el sentido moral no es más que un simple hecho contingente, de ningún modo puede conformar el contenido principal de la prédica religiosa. El mismo Apóstol del amor no coloca la moral del amor como base de su prédica, sino la verdad mística de la encarnación del Logos Divino: "Lo que fue desde el principio, lo que oímos, o lo que vimos con nuestros ojos, lo que miramos, y palparon nuestras manos del Verbo de la vida (y la vida fue manifestada y la vimos, y damos testimonio de ella, y nosotros os anunciamos esta vida eterna, que era en el Padre, y nos apareció a nosotros), lo que vimos y oímos, eso os anunciamos, para que tengáis también vosotros comunión con nosotros, y que nuestra comunión sea con el Padre y con Jesucristo su Hijo" (Primera Epístola de san Juan, 1, 1-3). Y sobre el amor se habla recién después, puesto que el amor puede ser fructuoso en el terreno del alma creyente y renacida; y en el terreno puramente humano, permanece solo como una simpatía personal, ya que no se puede transmitir el amor (como simple sentimiento) a los otros, tampoco exigirlo de los otros; solamente se puede constatar su presencia o ausencia en un caso particular. Por consiguiente, en sí, el amor, como estado subjetivo no puede ser el objeto del *deber* religioso o la tarea de la *obra* religiosa. La formulación directa de las tres preguntas mencionadas y la respuesta categórica a estas preguntas en sentido negativo constituyen el principal interés y el valor del opúsculo "Nuestros nuevos cristianos". Lo que impugna el autor, la tendencia a cambiar la plenitud viva del cristianismo por los lugares comunes de la moral abstracta envuelta con el nombre de cristiana sin tener esencia cristiana, esta tendencia está bastante difundida en nuestros días y habría que señalarlo. Lamentablemente, acusando los errores del pseudocristianismo, el autor del opúsculo los atribuyó a los nombres de dos escritores rusos, uno de los cuales al menos está absolutamente libre de ellos.

El autor del opúsculo con justicia valora en alto grado la importancia y los méritos de Dostoievsky. Pero según el señor Leontiev la idea cristiana a la cual se dedicó este hombre notable se alteraba en su mente con la mezcla de sentimentalismo y humanismo abstracto. Pudo haber un matiz de sentimentalismo en el estilo del autor de *Pobres gentes*, pero el humanismo de Dostoievsky, en todo caso, no fue la moral abstracta que el señor Leontiev desenmascara, puesto que Dostoievsky cifraba las esperanzas para el hombre en la fe auténtica en Cristo y la Iglesia, y no en la fe en la razón abstracta o en la humanidad sin Dios y endemoniada que se manifiesta en toda su ignominia en las novelas de Dostoievsky con mayor claridad que en cualquier otra parte. El humanismo de Dostoievsky se afirmaba en el fundamento místico sobrehumano del cristianismo verdadero, y cuando se pondera a una persona desde el punto de vista cristiano, lo más importante es *sobre qué* está parado, sobre qué construye.

El señor Leontiev pregunta: "¿Es posible construir una nueva cultura nacional solo sobre buenos sentimientos hacia la gente, sin tener, al mismo tiempo, objetos de fe específicos, materiales y místicos, que estén por encima de la humanidad? Esta es la pregunta". A esta pregunta Dostoievsky también respondería en forma negativa, como el autor del opúsculo. Para él, el ideal de la verdadera cultura, nacional y universal, estaba sostenido no solo en buenos sentimientos hacia la gente, sino, ante todo, en los objetos místicos de la fe que están por encima de la humanidad, precisamente sobre Cristo y la Iglesia; y la construcción misma de la cultura verdadera se le presentaba a Dostoievsky ante todo como una obra religiosa, "obra ortodoxa". La "fe en la divinidad del Carpintero de Nazareth que fue crucificado en tiempos de Poncio Pilatos" fue el principio inspirador de todo lo que decía y escribía Dostoievsky.

"El cristianismo no cree en la mejor moral *autónoma* de una persona, ni en la razón colectiva de la humanidad, que tarde o temprano tendría que crear un paraíso en la tierra". Dostoievsky tampoco creía en semejante idea. Y si fuera él un moralista, como lo llama el señor Leontiev, su moral no sería autónoma (con leyes creadas por sí misma) sino cristiana, basada en la conversión y renacimiento religioso del hombre. Y la razón colectiva de la humanidad, con sus intentos de crear una nueva torre de Babel, no solo fue rechazada por Dostoievsky, sino también le sirvió como objeto de ingeniosas burlas; y no solo en el último tiempo de su vida, sino antes. Que el señor Leontiev relea al menos *Memorias del subsuelo*[36].

Dostoievsky creía en el hombre y en la humanidad solo porque creía en el *Teo*hombre y en la *Teo*humanidad, en Cristo y en la Iglesia.

"Cristo se conoce no de otra forma sino a través de la Iglesia. Amen, ante todo, a la Iglesia".

"Solo a través de la Iglesia ustedes pueden amistarse con el pueblo simple y libremente, y ganar su confianza".

---

36 N. del T.: Aquí y más adelante Soloviev cita la respuesta de Leontiev al discurso de Dostoievsky "Sobre el amor universal".

"Hay que aprender del pueblo a humillar el propio pensamiento, comprender que en su visión del mundo hay más verdad que en la nuestra".

"Por eso, la humillación ante el pueblo, para una persona que claramente se da cuenta de sus sentimientos no es otra cosa que la humillación ante la Iglesia"[37].

Sin duda, Dostoievsky suscribiría estas hermosas palabras. En el *Diario de un escritor* el señor Leontiev podría encontrar en muchos sitios la expresión de los mismos pensamientos. Es suficiente recordar lo que allí se decía sobre nuestros *narodniki*[38], que querían unirse con el pueblo y otorgarle beneficios *prescindiendo de la Iglesia*.

Solo amando a la Iglesia y sirviéndola se puede verdaderamente servir a su pueblo y a la humanidad, puesto que no se puede servir a dos señores. Servir al prójimo tiene que coincidir con servir a Dios, y no se puede servir a Dios de otro modo que amando lo que Él mismo amó, el único objeto del amor de Dios, Su amada esposa, es decir, la Iglesia.

La Iglesia es la humanidad divinizada a través de

---

37 N. del T.: Estas frases son citas del discurso de K. P. Pobedonostsev pronunciado en Yaroslavl, que Leontiev refiere en su opúsculo simpatizando con él y contraponiéndolo al discurso de Dostoievsky.

38 N. del T.: Literalmente, *populistas*. Es el nombre que reciben los revolucionarios rusos de las décadas de 1860 y 1870.

Cristo; y con fe en la Iglesia, creer en la humanidad solo significa creer en su *capacidad para divinizarse.* También significa, como dijo san Atanasio de Alejandría, creer que Dios se hizo hombre en Cristo para hacer del hombre un dios[39]. Y esta fe no es herética, sino cristiana, ortodoxa y patriarcal.

Y con esta fe, una prédica o profecía sobre una reconciliación total, armonía universal, etc., se refiere directa y exclusivamente a la victoria final de la Iglesia, cuando, como dijo el Salvador, habrá un solo aprisco y un solo pastor y, como dijo el Apóstol, Dios será todo en todos.

Dostoievsky tenía que hablar con la gente que no leyó la Biblia y que había olvidado el catecismo. Por eso él, para ser comprendido, forzosamente tenía que usar expresiones como "la armonía universal", cuando quería hablar de la Iglesia triunfante o gloriosa. Y gratuitamente el señor Leontiev señala que el triunfo y la glorificación de la Iglesia tienen que acontecer en el otro mundo y que Dostoievsky creía en una armonía universal aquí en la tierra; pues en la Iglesia no debería haber ninguna frontera absoluta entre aquí y allá. Y la misma tierra, según las Sagradas Escrituras y las enseñanzas de la Iglesia, es un término que *varía de significado.* Una es la tierra sobre la que se habla al comienzo del libro Génesis, que era informe y vacía, y las tinieblas cubrían la

---

[39] N. del T.: Las palabras citadas por Soloviev en realidad corresponden al autor cristiano del siglo II san Ireneo de Lyon.

superficie del abismo. Otra es la tierra sobre la cual se dice: Dios se ha dejado ver sobre la tierra y ha conversado con los hombres. Por fin: aquella tierra nueva será otra, y en ella vivirá la verdad. La cuestión es que el estado moral de la humanidad y de todas las criaturas espirituales no depende en absoluto de si ellos viven en la tierra o no; al contrario, el estado de la tierra y su relación con el mundo invisible se determina con el estado moral de las criaturas espirituales. Y aquella armonía universal que profetizaba Dostoievsky no significa en absoluto la prosperidad utilitaria de la gente en la tierra de hoy, sino precisamente el inicio de la tierra nueva en la que vive la verdad. La llegada de esta armonía universal, o Iglesia triunfante, de modo alguno acontecerá por la vía del progreso pacífico, sino en los sufrimientos y enfermedades del nuevo nacimiento, como se describe en el Apocalipsis, el libro favorito de Dostoievsky en sus últimos años. "Y apareció en el cielo una gran señal: una mujer cubierta del sol, y la luna debajo de sus pies, en su cabeza una corona de doce estrellas: y estando encinta, clamaba con dolores de parto y sufría dolores por parir".

Y recién después de estas enfermedades y sufrimientos viene el triunfo, la gloria y la alegría.

"Y oí como la voz de una gran multitud, y como estruendo de muchas aguas, y como el sonido de fuertes truenos, que decían: ¡Aleluya! Porque reinó el Señor, nuestro Dios el Todopoderoso. Gocémonos, y alegrémonos, y démosle gloria; porque son venidas las bodas del Cordero, y *su Esposa* está ataviada. Y le fue dado que se cubra de finísimo lino resplandeciente y blanco. Y este lino fino son las *virtudes de los Santos*".

"Y vi un cielo nuevo, y una tierra nueva, porque el primer cielo, y la primera tierra se fueron, y la mar ya no es. Y yo, Juan, vi la ciudad santa, la nueva Jerusalén, que de parte de Dios descendía del cielo, y estaba aderezada, como una Esposa ataviada por su Esposo. Y oí una gran voz del trono, que decía: ved aquí el tabernáculo de Dios con los hombres, y morará con ellos. Y ellos serán su pueblo; y el mismo Dios en medio de ellos será su Dios. Y limpiará Dios toda lágrima de los ojos de ellos; y la muerte no será ya más; y no habrá más llanto, ni clamor, ni dolor, porque las primeras cosas pasaron"[40].

Esta es la armonía universal y la prosperidad que sobreentendía Dostoievsky, solamente repitiendo con sus propias palabras las profecías de las revelaciones del Nuevo Testamento.

---

40 N. del T.: Ap 12, 1-2; 19, 6-8; 21, 1-4.

Fotografía de Vladimir Soloviev
(década del 80 del siglo XIX)

Otros títulos de Vladimir Soloviev

Tres conversaciones
sobre la guerra, el progreso y el fin de la historia universal, incluyendo el Breve relato sobre el anticristo

Rusia y la Iglesia Universal

Ver más títulos publicados en:

https://traduccionesrusocastellano.blogspot.com

Año 2022

Buenos Aires, Argentina

Made in the USA
Coppell, TX
04 September 2022